LO QUE DEBES SABER SOBRE PUBLICIDAD Y MERCADEO.

Conocimientos básicos e indispensables aplicables en su negocio.

Escrito por Yumara Gil.
Publicista – Especialista en Gerencia de Mercadeo.

INTRODUCCIÓN

Este libro es una recopilación de conocimientos básicos e indispensables sobre la publicidad y el mercadeo, enfocado a emprendedores y empresarios, que quieran y necesiten adquirir conocimientos en estas áreas, aplicables a su empresa, negocio, producto, servicio o marca.

Este libro le servirá de guía básica para entender la publicidad y el mercadeo como herramientas para el desarrollo, el crecimiento y el sostenimiento en el mercado de su negocio, aprendiendo sobre la creación de marca, la gestión de la misma y su reconocimiento dentro de públicos objetivos claves; además de las técnicas que utiliza la publicidad para ser efectiva.

Encontrará en el recorrido los conceptos principales de la publicidad y el mercadeo que le permitirán entender de una manera fácil cómo funcionan estas dos herramientas; de esta manera podrá implementar dichos conocimientos de una manera adecuada y eficaz para plantear estrategias para su marca o negocio. Encontrará además soporte de otros autores incluído en los textos y revisiones de otros libros que aportarán signficativamente a este proceso.

CONTENIDO

CAPÍTULO 1: DEFINIENDO LA PUBLICIDAD Y EL MERCADEO
CAPÍTULO 2: PUBLICIDAD Y CULTURA
CAPÍTULO 3: EL HOMBRE COMO SER SOCIAL
CAPÍTULO 4: LAS PAUTAS PUBLICITARIAS
CAPÍTULO 5: EFICACIA PUBLICITARIA: PRETEST Y POSTEST.
CAPÍTULO 6: EL BRANDING
CAPÍTLO 7: MARKETING DIGITAL
CAPÍTULO 8: POP (POINT OF PURCHASE)
CAPÍTULO 9: MERCHANDISING
CAPÍTULO 10: COMPORTAMIENTO DEL CONSUMIDOR
CAPÍTULO 11: PENSAMIENTOS Y ENFOQUE DE DAVID OGILVY Y STEVE JOBS

CAPÍTULO 1

DEFINIENDO LA PUBLICIDAD Y EL MERCADEO

¿QUÉ ES LA PUBLICIDAD?

La publicidad es una herramienta de comunicación que busca específicamente vender un producto o servicio, una marca, una empresa o una idea concreta; creando una imagen que favorezca dentro de un mercado o un nicho concreto. La publicidad también puede estar dirigida a educar, a cambiar actitudes o comportamientos frente a una marca o empresa, en la cual no se promociona ningún producto o servicio en específico, sino la empresa en sí.

La publicidad también se emplea en política, y se conoce como publicidad política pagada; busca concretamente generar cambios de actitud que favorezcan a los candidatos en su elección.

La publicidad emplea una comunicación persuasiva, creativa y a veces indirecta, esto siendo resultado de estudios y análisis anticipados que buscan encontrar la mejor forma de dirigir la comunicación a grupos específicos según sus gustos, intereses, motivaciones, es decir, con aquello que estos grupos pueden sentirse identificados.

Para el mercado, esto significa una manera mas fácil de dar a conocer los productos y de vender; ya que se evita el despilfarro del dinero cuando se tiene claro a quien se dirige la comunicación y a qué necesidad en específico apunta. De aquí que la publicidad debe ser segmentada y dirigida, y para esto se hace uso de la herramienta de la segmentación para encontrar grupos determinados con características específicas, como son:

- La capacidad económica (capacidad de compra); o estrato social.
- Los gustos y preferencias: tecnología, viajes, cocina, decoración, etc.
- Forma de vida: libre, arraigada, costumbrista, aventurera, etc.
- Sexo: Femenino-maculino
- Religión: Cristiana, católica, judía, hinduista, etc.
- Edad: niños, jóvenes, adultos, ancianos.
-Intereses: personales, profesionales o hobbies.
-Profesión: ama de casa, profesional, ejecutivo, independiente, etc.

De estos grupos surgen diferentes tipos de comunicación, pero en general, pueden clasificarse en comunicación formal y comunicación informal; la primera es básicamente para productos de muy alta calidad o productos que necesiten un aval serio y seguro para los consumidores. La segunda es utilizada mas que todo para productos que no necesiten de muchos fundamentos (como calidad, seguridad, etc.) para ser vendidos.

La sociedad ve la publicidad como un método poco sutil para vender miles de productos, que hace que sus consumidores puedan ser mejores, más inteligentes o puedan pertenecer a grupos selectos y priviligiados. Y realmente este presupuesto tiene fundamentos, ya que la publicidad puede ser incluyente o excluyente según su fin; y esto se valida como una herramienta válida para segmentar grupos de interés para las marcas.

La publicidad en épocas pasadas era simple e informativa, lo que significa que solo era utilizada para informar acerca de los productos existentes y de sus características en función de su uso o utilidad; pero actualmente a causa de una amplia competitividad en el mercado, la variedad de productos y marcas, y la búsqueda de diferenciación de los productos; la publicidad ha hecho uso de cada herramienta del lenguaje posible, como la retórica por ejemplo, para lograr su fin.

La publicidad además entiende aquellos motivos primarios que inducen al consumidor a comprar un producto, generalmente por una decisión espontánea para satisfacer una necesidad natural; y aquellos motivos selectivos que incitan a comprar una marca determinada obedeciendo al impulso creado por la publicidad. La publicidad dejó de ser una publicidad racional para convertirse en una publicidad emocional, lo que quiere decir, que cada palabra hace énfasis en los sentimientos y las experiencias del consumidor.

Una característica más de la publicidad actual, es la de convertir un simple producto en un beneficio; el vestido no es abrigo, es moda o adorno; un automóvil no es un medio de transporte, es prestigio o vanidad. Específicamente el papel de la publicidad en la sociedad de consumo es la de crear en la mente del consumidor en necesarios los productos superfluos y en apuntar a la satisfacción de los deseos. El concepto de los deseos responde directamente al uso y al goce, ligados a lo necesario y lo superfluo.

Otras de las herramientas es utilizar personas famosas (conocido como testimonios), para hacer sentir a quien compre estos productos importante o perteneciente a un pequeño grupo selecto (mejor que otros), estas campañas son conocidas como "campañas selectivas", cuya eficacia guarda relación dicho anteriormente con el rango social, el nivel de ingresos y la cultura.

La publicidad ha hecho lo inconcebible para inducir a la gente a comprar mas de lo que puede, por eso vemos que existen las ventas a largo plazo, los créditos en los bancos y almacenes. Viéndolo desde la perspectiva económica la publicidad cumple un papel dinamizador para el mercado; pues se dice que gracias a ella hay más ventas, y si hay más ventas hay más producción; al haber mayor producción supone más empleo, y esto al mismo tiempo supone mas impuestos para el gobierno; convirtiéndose esto en ciclo que genera mayor bienestar.

La publicidad puede ser vista como una herramienta de progreso desde muchos puntos de vista, y desde otros como una agresión a la cultura; pero siempre será una manera de llevar información al público, crear mercados y como un sustento para la prensa, la radio, la televisión y las revistas.

¿QUÉ ES EL MERCADEO?

El mercadeo es un sistema de actividades realizadas para detectar las necesidades de un mercado o identificar deseos y necesidades de los consumidores; con el fin de encontrar la mejor manera de satisfacerlas con productos y servicios que representen una utilidad o un beneficio específico.

El mercadeo busca una combinación correcta de los siguientes elementos para poder satisfacer aquellas necesidades detectadas en el mercado: PRODUCTO, PRECIO, PLAZA (Distribución), PROMOCIÓN (Comunicaciones Integradas de Marketing), PERSONA (Público).

Las comunicaciones Integradas de Marketing (CIM) son la plataforma estratégica para definir los medios y las formas de comunicación de la organización con su público interno (quienes conforman la organización) y con su público externo (clientes, consumidores, comunidad, etc.).

las CIM se conforman por un amplio grupo de elementos y herramientas de comunicación, entre ellos: La publicidad, el marketing directo, medios digitales (internet), promoción de ventas, relaciones públicas, publicidad no pagada, publicidad corporativa, merchandising.

Como vemos la publicidad, hace parte de las herramientas de las CIM, con una labor muy específica, que es la de promocionar; sin embargo, esto no quiere decir que trabaje aisladamente, pues en su labor esta hace uso de los demás elementos que globalizan la idea de promoción.

CAPITULO 2
PUBLICIDAD Y CULTURA

El multiculturalismo, entendido como una manifestación de la diversidad, del pluralismo cultural y de la presencia en una misma sociedad de grupos con diferentes códigos culturales, no es una condición singular de la cultura moderna, es la condición normal de toda cultura. Pero podemos decir que la globalización ha acrecentado o ha hecho manifiesto el multiculturalismo, pues ha sido un canal por el cual se ha expandido la diversidad cultural en los países; lo cual ha generado que las personas busquen una identidad cultural y/o social; y estén en una permanente búsqueda por el respeto a la diversidad; aunque desde la visión económica de la globalización a un nivel consumista y productivo tiene como consecuencia el desbordamiento del poder, suscitando así formas de identidad cada vez menos sociales.

"Los estudios antropológicos son una opción vanguardista para profundizar en el entendimiento de los diversos tipos y segmentos de consumidores y así, establecer estrategias de mercadeo, que logren apuntar de forma real y directa al objetivo mercadológico"

Enrique Uribe Arango

Joseph Allois Schumpeter dijo en una ocasión una frase que ilustra la función de la antropología en la publicidad, él afirmó que el destino de todos los mensajes era el de no ser comprendidos por todas las personas, es justo ahí donde la antropología juega un papel fundamental, al permitir codificar los mensajes de manera tal que puedan ser comprendidos por las personas a quien están dirigidos.

La publicidad es conocida como una herramienta de comunicación estratégica para hacer públicos productos, servicios y/o ideas, haciendo uso de los medios de comunicación para llegar a un público objetivo de modo que se cumplan los propósitos establecidos por el anunciante. El fin de toda campaña, anuncio, pieza gráfica o audiovisual es llegarle a un target definido y generarle efectos racionales, emocionales y simbólicos relacionados con una marca, buscando propiciar sensaciones positivas con la marca y posteriormente inducir a la compra.

La antropología, siendo la ciencia que estudia al ser humano en su relación con la sociedad y la cultura en la que está inmerso, ha permitido estudiar costumbres, creencias, comportamientos y prácticas de las personas de segmentos determinados. La antropología además ha permitido estudiar cómo la cultura influye en el comportamiento del consumidor y cómo esta puede afectar la decisión de compra, teniendo en cuenta que la cultura es reflejo de lo que se aprende de la sociedad y el soporte de valores, actitudes y anhelos como la independencia y la autorrealización, aspectos que muy bien pueden hacer parte de la carga simbólica de un producto.

Como bien lo dice schiffman: "La cultura se adquiere a través del aprendizaje formal, el aprendizaje informal y el aprendizaje técnico. La publicidad apoya el aprendizaje formal al reforzar modos de comportamiento y expectativas deseados; refuerza el aprendizaje informal al ofrecer modelos de comportamiento".

Para lograr que la publicidad sea efectiva, se debe conocer el consumidor (su estilo de vida, costumbres, intereses, creencias, valores, etc.), y además cómo se puede llegar a él, por cuáles medios, con qué tono de comunicación, en qué momentos, en qué lugares, que *insights* identifican a ese público con mi marca, qué lo emociona, cómo puedo captar su atención, entretenerlo y ser oportuno. Todos estos datos son arrojados por investigaciones de tipo antropológico. La etnografía por ejemplo ayuda a una empresa a interactuar con su público, entenderlo, conocer el papel que los diferentes productos o servicios juegan dentro de sus vidas, entender el significado de los escenarios (puntos de distribución y de contacto), la manera como los consumidores viven esa relación con los productos y servicios, marcas o ideas, cómo consumen, qué precios le parecen convenientes, dónde les gusta comprar y dónde no, y como es su día a día para permitir impactar positivamente esos momentos desde el área publicitaria.

El estudio de la cultura para la creación de estrategias de mercadeo y publicidad, puede ser una útil herramienta para las empresas en su búsqueda de inmersión o adaptación a un mercado meta según las costumbres, los valores, las creencias de la cultura. "[…] los mercadólogos deben estudiar la(s) cultura(s) específica(s) de sus mercados meta potenciales para determinar si sus productos serán aceptables por sus miembros, en caso de ser así, cuál es la mejor manera de comunicar las características de sus productos para persuadir al mercado meta de comprarlos". (Schiffman, 2010, p.354).

Los individuos tienen la capacidad de dotar de simbolismo y significado los objetos de acuerdo a su cultura. Cada cultura tiene diferentes costumbres, historias de vida, experiencias, comportamientos, lenguajes, formas de vestir, rituales, expresiones artísticas, valores y demás aspectos que la hacen particularmente diferente a otra.

De la misma manera la publicidad puede otorgar a los objetos significados simbólicos, y con ayuda de la antropología debe estudiar cuidadosamente ese simbolismo del consumo; lo que representa o debe representar para el consumidor determinado producto o servicio, y cómo las personas aprehenden esos significados simbólicos para describir o expresar sus vidas, ideas, pensamientos y sentimientos.

Entendiendo el código cultural de Clotaire

Según el enfoque de Clotaire la publicidad emplea códigos culturales e improntas, dándonos una visión general del por qué la gente compra lo que compra. Los códigos culturales son el significado inconsciente que se le atribuye a los diferentes objetos o productos según cada cultura; y las improntas son aquellas primeras experiencias que se tienen con los mismos. Es importante traer a colación que esas improntas intervienen inconscientemente en la decisión de compra o en la elección de determinado producto; y que a lo largo de nuestra vida hay una serie de ellas que adquirimos por medio de la experiencia que operan e influyen en nuestro comportamiento como consumidores.

Clotaire basa su trabajo en la búsqueda de códigos comunes según la cultura para saber cómo perciben los consumidores determinado producto; el autor por ejemplo hace la comparación de lo que significa el licor para los franceses y lo que éste significa para los norteamericanos; para los primeros significa un excelente acompañante para las comidas y una muestra para paladares finos, para los segundos en cambio significa que hay que ingerir el licor hasta embriagarse y casi perder el conocimiento.

Así mismo el autor busca qué significan diferentes elementos o productos en cada cultura; lo que significa la comida, el sexo, la muerte, el éxito, el dinero, etc; con el fin de consolidar los diferentes códigos que rigen las culturas; siendo la norteamericana su punto focal al resultarle muy interesante el comportamiento de los norteamericanos.

Los códigos culturales han sido apropiados por diferentes marcas buscando lograr una estrategia adecuada, sobre todo cuando se trata de llegar a nuevos mercados donde las culturas son totalmente diferentes y las personas no han tenido ningún tipo de experiencia con el producto; para esto el autor propone crear improntas.

El estudio de los códigos culturales es una muy buena herramienta para la creación de estrategias adecuadas y funcionales de publicidad y mercadeo, y sobre todo para una buena estrategia de comunicación. Es importante no solo conocer el valor racional que puede ofrecer un producto; sino también el valor emocional percibido por el consumidor conociendo sus motivaciones más profundas.

El hombre como ser social, dentro de su desarrollo o autodesarrollo, está sujeto a los cambios sociales y culturales; pues es la sociedad quien provee al individuo todos esos elementos que lo configuran como un individuo dentro de ésta, puesto que su desarrollo va a estar basado en la experiencia colectiva y no como un ser aislado; el hombre entonces, es producto de un largo proceso histórico, político y social.

El individuo, en una primera instancia, se reconoce a si mismo y adquiere un carácter de ser único e irrepetible, en este proceso de reconocimiento el individuo busca darle un significado a su propia existencia; y en una segunda instancia el individuo adquiere su carácter de ser social y por tanto de construcción colectiva, que no es estática y está en permanente cambio, de manera que el individuo nunca para de configurar su identidad.

Esta relación individuo-sociedad, se ve reflejada en los valores que el hombre aprehende de la esta; de manera que cada individuo los adapta para sí mismo en función de sus metas sociales o personales.

Es aquí donde empieza el sentido diferenciador entre individuos, sociedades y culturas; en culturas diferentes se percibe al individuo de manera singular y específica, todo basado en la situación social, que acompañe el desarrollo del individuo. No es la misma opinión de una persona ante la situación política y económica de su país, que durante toda su vida ha tratado de conseguir al menos con qué sobrevivir; a la de una persona que siempre tuvo facilidad económica. Por eso podemos decir que el proceso de desarrollo del individuo se ve mediado por instituciones, que incorporan y fomentan los valores sociales.

Es difícil decir que se puede analizar como piensan y conocen los niños o las personas; pues como dice Platón: "ante la aprehensión del conocimiento y la verdad, las personas pueden tomar tres posturas diferentes: ignorancia, búsqueda, o sabiduría". El ser humano es tan complejo que no podemos tratar de analizarlo, como se estudia la naturaleza, como si se tratara simplemente del proceso de la fotosíntesis o cómo nacen, crecen, se desarrollan y mueren los seres vivientes.

Podemos decir entonces, que el proceso de desarrollo de los individuos esta ligado a unos cambios socio-culturales; y que éste dentro de su individualidad y a través de diferentes etapas, aprehende de la sociedad lo que considera para él relevante para su vida y para el desarrollo de su identidad.

Y es aun más complicado la relación individuo-sociedad, pues tendríamos que entrar en discurso, acerca del individualismo y las masas, y de cómo se comporta un individuo solo, y como se comporta cuando se encuentra con un grupo de personas; pues esa identidad supuestamente adquirida, en los procesos mencionados anteriormente, puede variar y se puede ver influenciada por la sociedad. Y de esto podemos deducir entonces, que el individuo está en constante cambio, dentro de una sociedad móvil; que cada día parece ser cómplice y responsable, de los cambios en los valores, las conductas, la ética y los deberes como ciudadanos en todas las personas.

CAPITULO 3
ÉTICA EN LA PUBLICIDAD.

Actualmente los consumidores reclaman cada vez más de las instituciones el respeto de los valores y de las personas. En ese contexto posmoderno es dónde las empresas encuentran cada vez más su interés en gestionar el parámetro ético.

La ética ha hecho que las empresas modifiquen sus estrategias de comunicación, ya no se trata de la simple venta de un producto, se trata de crearle a la empresa una personalidad que no solo se preocupa por el bienestar público, sino que también busca ser bien acogida o bien percibida por el resto de las personas; esto ha llevado a los consumidores a no apoyar marcas que no se interesan por el bien común o atentan contra el mismo. De otra manera puede ser que las acciones de bien común que realicen las empresas estén basadas en un intercambio de "yo doy - tu compras"; pero no necesariamente estas acciones sean estrategias éticas por decirlo así para manipular a las personas, sino más bien una manera de lograr construcción y recordación de marca.

La publicidad retoma elementos de la sociedad y la cultura que la abriga. A partir de la cultura la publicidad toma vivencias, creencias, fragmentos de vida, cotidianidades, elementos típicos o atípicos, historias, etc. Todo con el fin de realizar una comunicación coherente con la realidad y que el mensaje sea claro y entendible para quien tiene contacto con ella. Más allá de pensar que la publicidad crea comportamientos, actitudes o valores, la publicidad más bien, se convierte en un reflejo de la realidad de una sociedad, de su cultura y sus valores.

CAPÍTULO 4
LAS PAUTAS PUBLICITARIAS.

Las pautas publicitarias responden a aquellos canales que se utilizan de acuerdo a la estrategia de comunicación planteada, para segmentos concretos, en los medios correctos y en los momentos precisos. Los puntos para analisar son:

- Es preciso analizar el target (público objetivo), para poder saber en que **momento** hacer la pauta: qué tipo de público es, que hace público, como actúa el público.
- Analizar los tipos de productos para saber en que **temporada** pautar, como por ejemplo: los juguetes para los niños, como los carros y las barbies se debe publicar en temporadas, como el mes de los niños que es en Abril, el mes de las brujas que en Octubre y en Diciembre para la navidad.
- Examinar qué es más efectivo, si la presión publicitaria por día siguiendo la teoría de *Jones* (frecuencia) o la teoría de *Recency* (cobertura) expuesta por *Edwin Ephron*.

Jones expone su teoría de frecuencia que defiende que el consumidor debe ser contactado varias veces por un mensaje, estableciendo un máximo de 3 veces y sustentando un mínimo de 1 contacto. La teoría de *Jones* defiende que el primer contacto es mucho más efectivo que los siguientes. Esta teoría busca que el consumidor aprenda a cerca de la marca utilizando la repetición en momentos específicos.

Por otro lado *Erwin Ephron* expone su teoría de *Recency*, que por el contrario de la teoría de presión publicitaria, busca en lugar de frecuencia una mayor cobertura, queriendo llegar al consumidor en el momento más cercado a la compra, por ende esta teoría busca "el cuando" al contrario de "el cuanto" de la teoría de frecuencia. Además de esto, esta teoría busca que el mensaje esté el mayor tiempo posible disponible como el presupuesto lo permita para evitar la repetición del mensaje el mismo día, y en caso de querer lograr mayor cobertura sin aumentar la frecuencia se puede pautar en canales diferentes en el mismo momento. Además se apoya la idea de que no se busca que el consumidor aprenda, sino que recuerde la marca. Se podrían tomar varios factores en pro y en contra de ambas teorías, por lo que sería apropiado hacer un paralelo entre las dos:

Frecuencia	Recency
- <u>Pro:</u> Puede llegar a ser necesario si el mensaje es complicado; como por ejemplo información financiera (bancos), concursos (dinámica), etc. <u>Contra:</u> El	- <u>Pro:</u> Tiene la posibilidad de contactar mucha más gente evitando así el desperdicio de dinero contactando las mismas personas varias veces. <u>Contra:</u> Si el mensaje no es de alto impacto, puede que no logre influir al consumidor en

consumidor puede cansarse de ver varias veces un mismo mensaje. - <u>Pro:</u> Dependiendo del producto, se puede evitar el desperdicio; ya que el mensaje estaría presente en temporadas determinadas y no constante durante todo un año; por ejemplo productos escolares, fechas especiales, etc. <u>Contra:</u> No se genera recordación de marca.	el momento de la compra. - <u>Pro:</u> El mensaje está presente más tiempo, generando recordación de marca. <u>Contra:</u> El mensaje puede llegar a un público diferente del público objetivo y puede generarse desperdicio.

En una buena planeación de medios para una campaña, la correcta utilización de estas dos teorías podría traer muchos beneficios; dependiendo del producto, de la marca y del mensaje que se quiera transmitir al consumidor. También se podría pensar en una excelente combinación entre las dos, lo que podría permitir llegar a una estrategia mucho más fuerte que si se adopta una sola.

Si es importante generar cobertura, también los es generar frecuencia; y si es importante contactar al consumidor durante un momento cercano a la compra, también lo es contactarlo durante otros momentos. Se podrían entonces tomar elementos sustanciosos de las dos teorías para lograr unos resultados óptimos a la hora de transmitir un mensaje.

CAPITULO 5
EFICACIA PUBLICITARIA: PRETEST Y POSTEST

La medición de la eficacia publicitaria es ahora una preocupación que enfrentan tanto los empresarios como los publicitarios. Para estos últimos se ha convertido en un dilema la falta de consenso que existe entre los objetivos publicitarios y los objetivos empresariales, puesto que ambos en muchas situaciones persiguen cosas totalmente contrarias; mientras un empresario se enfoca en publicidad=ventas, un publicitario puede enfocarse en publicidad= recordación de marca.

Esta discordancia entre los objetivos empresariales y publicitarios ha causado una discrepancia sobre el concepto de la eficacia publicitaria ya que hay diferentes puntos de vista sobre la función de la publicidad; unos sostienen que la publicidad debe informar al público sobre el bien o servicio, otros afirman que la publicidad debe crear una actitud positiva frente al bien o servicio y otros consideran que el fin último de la publicidad es aumentar las ventas.

Para esto, estudiosos de la publicidad se han enfocado en buscar alternativas para homogenizar los objetivos publicitarios y los empresariales, de tal manera que unos apoyen a los otros: objetivos en función de las ventas, objetivos en términos de conducta y objetivos basados en términos de la comunicación *(esquema establecido por Schultz, Martin y Brown (1984))*.

Al tener una homogenización de los objetivos empresariales y publicitarios; los publicitarios se han enfocado en el copy-testing, el cual es un procedimiento que sirve tanto para medir la eficacia de un anuncio como de instrumento de recogida de información e incluye todo lo relacionado con la metodología a seguir.

Para momentos específicos de las campañas, existen dos métodos conocidos como *Pretest y Postest*. Por un lado el Pretest publicitario consta de mediciones que persiguen mejorar el anuncio o prevenir y rectificar posibles errores, y por otro lado el Postest se concentra en el control que puede realizarse sobre los anuncios de la campaña durante su curso o al término de ésta, con el fin de evaluar el logro de los objetivos perseguidos.

A partir de estos dos métodos, se han desatado una gran cantidad de técnicas que miden la eficacia publicitaria, desde técnicas que emplean la tecnología moderna hasta técnicas que inmiscuyen en lo profundo del pensamiento humano. Para no ahogarnos entonces en el mar de infinitas técnicas podríamos clasificarlas en dos tipos: test on air y test de exposición forzada; en el primero encajan todos aquellos test en los que los individuos son expuestos de forma natural a los anuncios que se desean testar (desde su hogar, por ejemplo); el segundo es también llamado "test de laboratorio" que se refiere a una manera más artificial de testar a los individuos (reclutamiento en las calles, por ejemplo).

A partir de esto Young afirma que en toda evaluación es necesario medir aspectos relacionados con los componentes cognoscitivo, afectivo y conativo. Partiendo de estas tres etapas se desarrollaron diferentes técnicas para determinar la eficacia de los anuncios, las cuales constan de técnicas fisiológicas, semifisiológicas, índices de lectura, notoriedad de marca, medidas basadas en la memoria y test de reconocimiento visual y/o verbal.

Los test on-air son los más aceptados en la comunidad publicitaria ya que permiten evaluar los verdaderos efectos de la publicidad; el problema que se ha traído a colación con éste tipo de test se centra en su etapa posterior: el test-retest, que causa del amplio tiempo que transcurre y se maximizan las variables (en cuanto a la percepción del consumidor) que influyen en los resultados posteriores al volver a realizar el test.

Los test de exposición forzada o test de laboratorio en general se realizan haciendo un reclutamiento de individuos (focus group) para testar determinado anuncio. El problema de estos test es que el comportamiento de los individuos dentro de un grupo puede ser diferente a su comportamiento de manera individual y natural, lo que puede afectar los resultados del test.

La dificultad más grande que podría verse entonces en la medición de la eficacia publicitaria tanto en las evaluaciones Pretest como Postest es la subjetividad a la que se ve sometida el anuncio y el ambiente en el que el anuncio es mostrado a los individuos. Cuando se hace referencia a "subjetividad" se habla de la individualidad de la persona, la manera específica en que cada individuo percibe o recibe el anuncio, siendo este de su agrado o no y de una manera dependiente del ambiente en que se encuentra. Por esto es que los test de laboratorio son los menos aceptados dentro de la publicidad, ya que los resultados están sometidos a muchas variables.

Por otro lado existen variables que influyen en la eficacia publicitaria, tales como: Características del anuncio (página en el impreso), tamaño del anuncio, relación del individuo con el producto, Actitud del individuo hacia la publicidad – credibilidad- e imagen sobre el medio.

De una manera muy personal diría que a la variable más poderosa a la que la medición de la eficacia publicitaria se enfrenta es la calidad del producto o el producto en sí mismo, esta no solo influye en la percepción que tiene el consumidor de la publicidad sino en la credibilidad que ésta representa en general para él. Actualmente tanto para las empresas como para el consumidor la calidad del producto ya no es valor agregado, es un valor que debe ser innato del producto; lo que nos remite a un momento más que adecuado para citar al autor Gustavo Martínez B que dice:

"De los publicistas se espera (en no pocos casos) verdaderos actos de magia. Mal que mal, a un producto deficiente o poco satisfactorio no lo arregla ni la mejor publicidad del mundo. ¡Los consumidores no son tontos ni los publicistas hacen milagros!".

Podríamos decir entonces que más que un montón de variables que influyen en los resultados de los test, la variable más influyente es el producto en sí, lógicamente sin alejarnos de las 4 P´S (producto, precio, plaza, promoción). Si tenemos un buen precio que ofrecer, una buena plaza donde ubicarnos y una adecuada promoción, pero un pésimo producto que no satisface al consumidor; más que plantearnos objetivos publicitarios deberíamos plantearnos unos objetivos empresariales que se centren en brindarle una buena experiencia al consumidor durante el contacto de éste con el producto.

El producto es el último contacto que tiene el consumidor con la empresa y sus esfuerzos de comunicación; es por tanto que éste debe ser tan bueno como esos esfuerzos publicitarios o viceversa. Un buen producto no puede quedarse solo en eso, también requiere una buena publicidad que le aporte y que lo apoye.

Para no alejarnos más de nuestro tema de la eficacia publicitaria y con todo lo anteriormente dicho, es necesario aglutinar todo en una sola pregunta: ¿cómo medir la eficacia publicitaria con un producto de baja calidad? Si cuando el consumidor tiene contacto con el producto que no lo satisfizo todos los esfuerzos publicitarios se pierden y por ende esos objetivos que desde un principio se plantearon en el brief no se cumplieron o peor aún se cumplieron al revés; es decir si yo en un principio hubiese querido lograr crear recordación de marca y el consumidor tuvo una mala experiencia con el producto, está muy claro que lo logré pero no como debía; logré una mala recordación de marca y tal vez una actitud de desprecio o de total desilusión hacia el producto.

A manera de conclusión quisiera exponer entonces que la variable "El producto" podría aglutinar esas variables ya mencionadas, tales como la actitud del individuo por la publicidad, la actitud hacia el medio y la manera de involucrarse con el producto. Dichas variables intervienen en los resultados de los test, ya sean que estén dentro de las evaluaciones de Pretest o Postest; porque siempre va a existir una opinión a cerca del producto inherente a un tiempo de campaña.

CAPITULO 6
EL BRANDING

¿Qué es el branding?

El branding es el proceso de creación y gestión de marcas; consiste en desarrollar y mantener el conjunto de atributos y valores de una marca de manera tal que sean coherentes, apropiados, distintivos y atractivos para los consumidores.

Las marcas son algo más que un producto o servicio, estas incluyen también al personal de la organización, una filosofía y un espíritu que la sustentan. Las marcas son un conjunto de valores, una visión y una actitud. Las organizaciones establecen un posicionamiento de marca para proyectar una imagen pública e interna coherente con esa fisolofía, esa visión, ese espíritu y esa actitud que la caracterizan.

En la gestión de marca el público es definido como un amplio espectro que incluye a clientes, empleados y comunidades. Cada uno de ellos puede percibir la marca de forma diferente, pero debe haber una coherencia.

Razones para el manejo de marca:

1. Para los consumidores, las marcas facilitan la identificación de los bienes o servicios. Esto ayuda a los compradores para que tomen sus decisiones de compra.

2. Para los vendedores, las marcas se pueden promover; se reconocen fácilmente cuando se exhiben en una tienda o se incorporan en la publicidad. El manejo de marca reduce las comparaciones de precios. El manejo de marca reduce la probabilidad de que se tomen decisiones de compra con base únicamente en el precio, pues la reputación de una marca influye en la lealtad del cliente.

Familias de Marcas: marcas paraguas y submarcas.

Las marcas se pueden estructurar en familias de productos y estar bajo la protección de la marca corporativa que actúa como paraguas, pues es propietaria de varias marcas derivadas, que pueden ser presentadas en contextos diferentes.

Cada marca derivada puede tener una identidad separada sin guardar gran parecido entre sí, e incluso competir entre ellas, por ejemplo, las marcas que posee Procter & Gamble. En este escenario, la marca corporativa se mantiene al margen y deja el protagonismo y la identidad externa a su submarca.

Las submarcas pueden ser una familia de marcas que están asociadas estrechamente con una personalidad que proviene de la marca madre. La personalidad suele ser la del fundador, que es fundamental en este escenario para el éxito de la marca, ya que le otorga una identidad y unas características que se anteponen a las submarcas.

Las marcas derivadas pueden tener una identidad con más carisma que la de la marca corporativa. No siempre es necesario que las submarcas tengan identidades coherentes entre ellas con la de la corporación. Una nueva submarca puede ofrecer la oportunidad para alejarse de la percepción que proyecta la marca madre para atraer a un público diferente.

Anatomía de la marca:

Contexto de marca.

Las marcas operan en un enterno, y este es el que configura el contexto; desde los eventos globales y tendencias políticas hasta las corrientes populares y de la moda. El contexto incluye nuestra percepción y conocimiento. Las marcas están sujetas a la influencia del contexto global, como la política, los factores económicos, las tendencias culturales.

Tono.

El tono es el lenguaje y el diseño que utila la marca para comunicarse con su público. Esto puede ayudarlas a diferenciarse en el mercado. El tono de una marca puede adaptarse a los cambios y a los diferentes públicos que pueda tener; pero sus valores y filosifía deben permanecer sin variación. De este modo la marca puede reinventar su tono siendo acorde a su evolución y a los cambios del entorno.

Estilo.
El estilo de una marca debe captar su espíritu, el elemento emocional que hace que la marca guste, no guste o resulte indiferente.

El estilo es la forma de proyección de la marca de acuerdo a su filosofía.El estilo ha de proyectar los valores centrales de la marca, aquellas convicciones que la sustentan, por ejemplo: diversión, juventud, rebeldía, seriedad, etc.

Nombre:

Es la denominación con la que es reconocida una empresa. Las marcas necesitan nombres que funcionen en múltiples canales, así como en países diferentes, por tanto éste debe ser viable, de fácil pronunciación y comprensión.

logotipo

El logotipo es el nombre de la empresa, que puede formarse por letras, abreviaturas, etc. Muchas compañías construyen su identidad visual con base en una tipografía especial, adicionándole el símbolo que representa su filosofía.

Color

Al decidir un color para una empresa o un producto determinado, es importante escoger el más representativo de la categoría del producto. En este caso el color permite:

- Mostrar el producto de manera más atractiva.
- Atraer la atención del consumidor.

- Dar personalidad al producto y diferenciarlo de la competencia.
- Posicionar y segmentar.

***Factores importantes de la Marca: Simple, práctica, consistente, única, original, memorable, flexible, sustentable**

¿Qué es Rebranding?

Con frecuencia entendemos el rebranding como un cambio de identidad y nombre, pero puede ser más sutil que eso, pues puede implicar un ligero cambio de identidad, que puede suponer una evolución en la marca, una mejora, una actualización o una mordernización de la misma.

Tendencias actuales:

Más diversión.

La diversión es un elemento diferenciador que ayuda indudablemente a destacarse; las marcas traen consigo soluciones más prácticas y divertidas para sus consumidores; lo cual ayuda a mejorar la experiencia de marca y a generar recordación.

Mejor Servicio:

El servicio es otro elemento diferenciador y este incluye la atención al cliente y la calidad de la respuesta que da la marca al cliente en cuestiones de garantías e información en general.

Crear una experiencia de marca.

La experiencia de marca se da por aquellos momentos en que el consumidor entra en contacto con esta; aquellas interacciones que pueden marcar la diferencia en cuanto a la satisfacción de los consumidores con nuestra marca.

El valor de la marca ¿valor para quién?

El valor de la marca se compone de la lealtad que tiene el consumidor hacia esta; esta lealtad es la que garantiza que los consumidores no elegirán la marca de la competencia. Aaker plantea 10 mandamientos para ayudar a reforzar el valor de las marcas en los cuales enfatiza la importancia de algunos elementos como la identidad, la consistencia en el tiempo, el respaldo e impulso, seguimiento del valor, la responsabilidad y la inversión de las marcas.

> 1. ***Valor para el cliente***: ¿cuánto estaría dispuesto a pagar el cliente para obtener la satisfacción que percibe que le proporciona la marca?

2. ***Valor para el distribuidor****:* derivado de los márgenes ventajosos provistos por marcas fuertes o del tráfico que estas marcas proporcionan en la rotación de productos en el punto de venta.
3. ***Valor para el productor:*** se refleja en la cuota del mercado, ingresos por ventas, beneficios, rentabilidad sobre la inversión y seguridad. Desde el punto de vista de la empresa la marca posee un valor financiero y otro de mercado. Un valor financiero en el sentido que el valor de la marca afecta al valor potencial de la empresa, su rentabilidad en el mercado e incluso su capacidad de endeudamiento; el valor de mercado de la marca se mide por la percepción de la calidad del producto y los vínculos que la marca crea en el mercado, medidos a través de la lealtad y fidelidad a la marca.
4. ***El valor para el inversor****:* Cómo otros perciben el éxito de la marca, y en consecuencia su valor financiero. No hay valor de marca para el inversor, productor y distribuidor, si no existe valor para el consumidor, ya que al final es este último el que acepta o rechaza una marca.

CONCEPTO DE VALOR SEGÚN PHILIP KOTLER

VALOR: "El valor refleja los beneficios y los costos, tanto intangibles como tangibles que el consumidor percibe a partir de la oferta. El concepto de valor se puede concebir básicamente como una combinación de calidad, servicio y precio, combinación conocido como la tríada de valor del consumidor. El valor aumenta con la calidad y el servicio, y disminuye con el precio […]"

VALOR AGREGADO: "El valor para los clientes es la diferencia entre los valores que el cliente obtiene al poseer y usar el producto, y los costos de poseer y usar el producto". El beneficio es mayor que el esfuerzo.

AGREGAR VALOR: Desarrollar una oferta distintiva. Y esta puede ser distintiva por sus características, su diseño, sus servicios, el apoyo que estos tengan, las garantías y otros factores que hace que realmente haya una oferta de valor para el cliente.

SATISFACCIÓN: A este concepto de valor se suma el de Satisfacción, que para kotler significa: "Los juicios comparativos que hace una persona a partir del desempeño (o resultados) que obtiene de un producto, en relación con las expectativas que tenía del mismo".

CAPÍTULO 7
MARKETING DIGITAL

El marketing digital responde a las estrategias de comunicación planteadas para la marca pero exclusivamente diseñadas para ser puestas en medios digitales (internet).

¿Cómo se comercializa en Internet?

COMPRA POR COSTO POR MIL (Paquete de impresiones): es aquella en la que se tiene un valor para comprar por unidades de mil la cantidad de impresiones a pautar.

COMPRA POR PATROCINIO (Colocación Fija): esta corresponde a pagar por la colocación fija de la pieza publicitaria en un site por un tiempo y un monto determinado. El número de impresiones compradas corresponderá al tráfico total del site durante el tiempo que estuvo la pieza on-line. Generalmente se compra por meses y se tiene como referencia de impresiones (que se van a servir) el tráfico promedio del site durante un mes.COSTO POR CLICK (Pago por mensaje efectivo): se utilizaba de manera común hace algunos años al inicio del "boom" de Internet. Consiste en aplicar un costo a cada clic que se efectúe durante el periodo de la pauta independiente de la cantidad de impresiones que se generen. Este valor se pacta entre medio/agencia/cliente previo a la pauta y se ordena con un estimado. Pasado el periodo se debe reliquidar según los resultados reales obtenidos.

COMPRA DE MAILING: Consiste en alquilar una base de datos ya existente (propiedad de un proveedor) o utilizar una propia para enviar mensajes publicitarios a través del correo electrónico.La base de datos es perfilada según segmentación y se comercializa con tarifa por cada mil envíos (CPM).Para actividades especiales se puede negociar un costo por mail abierto o por click

POSICIONAMIENTO EN BUSCADORES: Para esto de debe primero hacer una lista de las frases o palabras clave que realmente puedan producir resultados y luego se deben emprender una serie de acciones para posicionarlas en los buscadores; esto actualmente se conoce como SEO (search engine optimization).

COMPRA DE JUEGOS, ENCUESTAS Y OTROS: Esto se realiza bajo negociación de paquete y cada broker o sitio web que lo realice determina sus tarifas, bajo las cuales se negocia en razón del volumen de inversión, tiempo de permanencia al aire y obvio... del cliente.

CAPITULO 8

MATERIAL POP (POINT-OF-PURCHASE)= PUBLICIDAD EN EL PUNTO DE VENTA

La publicidad en el punto de venta se refiere a los materiales publicitarios usados en el establecimiento o tienda usada para captar la atención del consumidor, transmitir los beneficios primarios de los productos o resaltar información de precios; esto con el fin de impulsar al consumidor a comprar.

El POP, también Llamado "vendedor silencioso", se ha ido utilizando cada vez en más cantidad, especialmente durante la última década. Esto se debe indiscutiblemente a la necesidad de proporcionar al cliente ayuda y conseguir cerrar ventas. Se ha dicho en numerosas ocasiones que el comprador actual no solo está mejor educado, sino que exige más, mejor y completa información sobre lo que compra.

Respondiendo a la carencia de vendedores bien calificados o a la falta de recursos las empresas pequeñas y medianas que no pueden permitirse tener mucho personal, están recurriendo en mayor grado a estos "vendedores silenciosos".

El resultado ha sido una proliferación de empresas que producen elementos y material que procura tender la mano al comprador mientras está dentro de la tienda y le comunica un último mensaje antes de que haga la compra. Junto con ello se ha desarrollado ingeniosos materiales de merchandising que se han convertido en instrumentos esenciales en la venta al detalle, llamado corrientemente material POP.

Las tiendas de venta al detalle son las que más pueden beneficiarse de material POP de calidad, aunque cualquier empresa que reciba público en sus instalaciones puede aprovecharse de estos auxiliares de venta, incluyendo bancos, instituciones de gobierno, universidades y hospitales, entre otros.

Mientras muchos otros medios se encuentran restringidos, sin tomar en cuenta las impuestas a los cigarrillos, la publicidad en el Punto de Venta no tiene limitaciones de ninguna especie, salvo la del buen gusto. Dentro de la tienda, en el momento que el comprador está decidiendo una compra, es el mejor momento y lugar para anunciar. Incluso en las tiendas que por vocación no son de auto-servicio, el material POP puede alentar las ventas por impulso. Esto puede ser un factor importante para diferenciar un negocio de sus competidores.

Algunas ventajas del material POP

- Incrementa la Imagen del producto: Con la falta de ayuda sólida en la venta, el fabricante puede enviar mensajes completos y claros al consumidor sobre las características y ventajas de su producto o de su marca. Ello puede representar una gran oportunidad para reforzar la marca y llegar a clientes potenciales.

- Incrementa Ventas: La publicidad en el Punto de Venta, en la forma de material POP, ha demostrado tener impacto positivo en el comportamiento de compra de los clientes. Como se conoce bien, muchas compras son espontáneas, no planificadas, y en ese caso la publicidad POP tiene un poderoso efecto en la decisión de compra.

- Reduce Gastos de Publicidad: Ningún comerciante puede anunciar todos los artículos de su tienda por medio de anuncios en periódicos, radio y menos em Televisión. Empleando material POP dentro de la tienda se puede anunciar con eficacia las líneas de productos que se venden en la tienda.

Tipos de material POP

Existe una gran cantidad de material POP que está a disposición de los mercadólogos. Los materiales P.O.P por lo común se encuentran en dos categorías: exhibiciones promocionales a corto plazo, que se usan seis meses o menos; y las exhibiciones permanentes a largo plazo, que tienen el propósito de permanecer en el punto de venta por más de seis meses. Dentro de estas categorías se encuentran los siguientes materiales:

- **Anuncios para puertas y aparadores:** cualquier anuncio que identifique y/o anuncie a una compañía o marca, o dé instrucciones al consumidor.

- **Unidad de mostrador/anaquel:** una exhibición más pequeña diseñada para mostrarse en mostradores o anaqueles.

- **Exhibidor de piso:** cualquier unidad P.O.P que se coloca en el piso de manera independiente

- **Voceador de un anaquel:** una tarjeta o anuncio impreso diseñado para montarlo sobre un anaquel.

- **Móvil/bandera:** un anuncio publicitario suspendido del techo de una tienda o colgado en un área de pared grande.

- **Caja registradora:** Un anuncio P.O.P o pequeña exhibición colocada cerca de una caja registradora, diseñados para promover artículos por impulso, como goma de mascar, crema para labios o chocolates.

- **Exhibidor de línea completa:** una unidad que proporciona la única área de ventas para la línea de un fabricante. A menudo colocado al final de un pasillo.

- **Exhibidor/góndola al final del pasillo:** por lo común una exhibición grande de productos colocados al final del pasillo.

- **Anuncio iluminado:** Señal iluminada usada en el exterior o interior de una tienda para promover una marca o la tienda misma.

- **Exhibidor con movimiento:** cualquier unidad P.O.P que tenga elementos móviles para atraer la atención.

- **Unida interactiva:** Un kiosco basado en computadora donde los compradores obtienen información como sugerencias de recetas o cómo utilizar la marca. También puede ser una unidad que anuncia o entrega cupones.

CAPITULO 9

MERCHANDISING

Es el conjunto de actividades basadas en la exhibición y en las ayudas visuales adecuadas para estimular e influir directamente sobre la decisión de compra del consumidor potencial en el respectivo punto de venta. Su finalidad es aumentar la rotación y rentabilidad de los productos, asegurando un surtido adaptado permanentemente a las necesidades de la demanda, facilitando la compra a los clientes potenciales del establecimiento y presentando de manera apropiada las mercancías.

Es importante porque busca facilitar el encuentro consumidor - producto, mediante el desarrollo de estrategias que permitan darlo a conocer, gracias a una exhibición atractiva del mismo en los puntos de venta. Además da al consumidor más opciones de elección, satisfacción en la compra y en los precios.

El Merchandising puede conseguir un gran número de ventajas tanto para la empresa como para el consumidor. Este puede aumentar el volumen de ventas, acelerando la rotación del producto; potencializar y afianzar el éxito de lo productos; ayudar a los productos no estrellas, para que lleguen a serlo; aportar el valor añadido, indiscutible a la publicidad y promoción; restar ventas a la competencia; mejorar cualitativamente la imagen de la marca.

DIMENSIONES DEL MERCHANDISING

El Merchandising actual se configura bajo tres dimensiones:

Merchandising de presentación: Consiste en la exhibición apropiada de los productos, determinando su lugar de ubicación en el lineal, según la categoría del producto, familia y subfamilia de que se trate, con el fin de optimizar la circulación de la clientela en el punto de venta. Se intenta que los consumidores visiten el mayor número de estanterías posibles, planificando los circuitos que estos deben seguir, facilitando sus compras al realzar sus productos más rentables, ayudando a la apreciación de la familias y las subfamilias que componen el surtido, con una adecuada señalización, iluminación y ordenación de los productos, yuxtaponiéndolos de forma apropiada material y psicológicamente, para que no se produzca duda en su localización por el consumidor, evitando así que se renuncie a su compra.

Merchandising de seducción: Trata de transformar el acto de compra en una actividad de ocio, convirtiendo el punto de venta en una "tienda de espectáculo" a través de la técnicas de animación (degustaciones, promociones, colocaciones especiales, y estímulos publicitarios) y creando una atmósfera especial en el establecimiento (a través de la decoración, mobiliario, iluminación, etc.) para promover la imagen del propio distribuidor.

Merchandising de gestión: Su objetivo es rentabilizar el punto de venta, determinando el tamaño del lineal, el desglose en diferentes familias, el número de referencias, marcas y caras del producto expuestas, que resulten óptimos por cada categoría para asegurar una oferta permanente sea cuales sean las variaciones de la demanda.

REGLAS BÁSICAS DEL MERCHANDISING

Es indispensable que el producto esté disponible: que se encuentre en el lugar adecuado, que haya la cantidad necesaria, al precio correcto, visible y en el momento preciso.

Se hace actuar sobre el producto: el espacio que se le destina, la identificación, la visibilidad, el precio y las ofertas. Sobre el entorno: ambientación, dinámica, organización general mediante el empleo de carteles, etc. y sobre el consumidor por que todos estos medio le informan, le recuerdan, le refuerzan el mensaje, desvían la compra de productos competitivos y actúan en el sitio de decisión, propiciando las compras por impulso.

Normas generales de exhibición: Debe colocarse el máximo del producto, en contacto, con el máximo de clientes, durante el mayor tiempo posible. Y por lo tanto debe tenerse en cuenta la circulación en el establecimiento (flujo).

La circulación en el interior del establecimiento: En la concepción del espacio de venta, el detallista debe repartir el espacio disponible, entre las distintas secciones y decidir su ubicación óptima, de manera que se facilite la circulación de los clientes. Las técnicas de exposición permiten manejar la venta visual: Lo que se ve y está al alcance de las manos, se vende; y la venta en masa, lo que se ve en masa, se vende en cantidad.

La exhibición: Se suele admitir la existencia de dos zonas triangulares claramente diferenciales según las corrientes de circulación de la clientela: la zona caliente de circulación natural y la zona fría que será necesario incentivar a través de puntos calientes, para que los consumidores circulen por ella. El sentido normal del flujo de circulación es hacia la derecha y circular en sentido contrario a las agujas del reloj. Los puntos más vendedores de la estantería están por encima de un 1.30 metros y por debajo de 1.70 metros de altura. A su vez, la posibilidad de venta está relacionada con la amplitud del campo visual por lo que se deben colocar los artículos claves en los puntos calientes. Las áreas de atracción o puntos calientes deben destinarse para la colocación de artículos complementarios, artículos de alto margen y artículos de circulación lenta.

Animación del punto de venta: La animación del punto de venta puede ser desarrollada a través de cuatro medios:

Medio físico: Utilización de publicidad en sus diferentes formas, como exhibidores, embalajes presentadores y carteles. Publicidad directa mediante la utilización de catálogos y folletos.

Medios psicológicos: Promociones y colocación repetitiva del producto.

Medios de estímulos: audiovisuales que captan la atención del cliente.

Medios personales: Animadores en el punto de venta (personajes ficticios).

Elección del surtido y presentación de los artículos: El surtido debe adaptarse a las características de la clientela del establecimiento. La elección del mismo, su amplitud (variedad de categorías del producto) y profundidad (variedad de marcas de cada categoría), debe realizarse teniendo en cuenta los estudios que revelan la naturaleza del mercado, conociendo qué necesidades se van a abastecer, la competencia existente y la imagen que se quiere posicionar en el establecimiento. Una vez elegido el surtido es preciso determinar el modo de presentación óptimo de los productos.

VISUAL MERCHANDISING

El visual merchandising es un arte, una composición de estilo que engloba todos y cada uno de los aspectos a la hora de presentar un producto en el punto de venta. El visual merchandising encuentra en el escaparate uno de sus mayores aliados, ya que por su ubicación favorece el aumento de tráfico al interior de la tienda, genera más oportunidades de venta, te ayuda a diferenciarte de la competencia, desarrolla la imagen de marca, permite realizar una comunicación adaptada al área de influencia y al producto a promocionar...

El merchandising en todas sus consecuencias configura el primer contacto visual del consumidor con el punto de venta y puede ser el impulsor para que este mismo consumidor entre en la tienda.

Esta herramienta transmite además la imagen corporativa exterior de cualquier establecimiento, que debe responder a la imagen pública esperada, garantizar la identificación y definir el posicionamiento, claves para ganar la credibilidad en el interior y diferenciarse del resto de los competidores

VITRINISMO

Se conoce también como escaparatismo, el cual lo podemos definir sencillamente como el espacio ubicado en la entrada de tiendas y centros comerciales, donde se exponen los productos. El fin de el escaparatismo es atraer, mostrar, promocionar, seducir, y finalmente, vender (vender productos o imagen).

El vitrinismo tiene la finalidad de generar el deseo de compra en la persona que lo contempla mediante los recursos de una exhibición psicológicamente calculada, en la que tienen mucho que ver la estética, la originalidad, el dinamismo y la intencionalidad. No se trata entonces de la mera exhibición de los productos, sino de atraer a los compradores potenciales hacia el escaparate, convertido en el reflejo de la personalidad de la tienda y en una especie de vendedor silencioso.

El marco de referencia donde hay que situar el escaparatismo es la promoción visual, entendida como un sistema de proyección de imagen basado en los recursos visuales y destinado a configurar una presentación atractiva y deseable de un producto, con la finalidad de despertar la complacencia y el sentido de identidad con el consumidor. Escaparatismo y promoción visual quedan enmarcados dentro del gran conjunto de las técnicas publicitarias, debido a su finalidad comercial.

El visual merchandising, tanto como la Promoción y la Publicidad, son factores o técnicas que se complementan y que, respondiendo a una eficaz estrategia creativa, potencian sus objetivos y aseguran su cumplimiento en tiempo y en forma. Esto lo remarcan los autores al afirmar que las presentaciones visuales deben coordinarse con la publicidad y con las otras herramientas promocionales de la venta, pues solo así lograrán su máxima eficacia. En un mercado tan competitivo como el actual, no basta con exhibir los productos ni tampoco ofrecer un ámbito de venta confortable. Es necesario y conveniente, echar mano de todos los recursos del diseño visual para hacer que ambos, productos y ambientes, sean lo más atractivo posible.

CAPÍTULO 10
COMPORTAMIENTO DEL CONSUMIDOR

Entre las décadas de los 30´s y 50´s las empresas empiezan a preocuparse por el comportamiento de sus públicos e inician procesos que buscan acercarse al comportamiento de sus clientes. Sin embargo, es a partir de los años 60´s, cuando las organizaciones orientan su enfoque de ventas hacia el consumidor y no hacia la producción. El profesor Henry Assael (1999) plantea que:

[…] Los gerentes ahora se ocupan de proporcionar beneficios a los consumidores, de aprender acerca de las actitudes cambiantes y de las percepciones de los consumidores influyentes. Así mismo, se percatan de que los planes de mercadotecnia se basan en las fuerzas psicológicas y sociales que tienden a condicionar el comportamiento del consumidor […] (p. 4)

Las estrategias de mercadeo nacen de un conocimiento previo de las necesidades del consumidor y su entorno (cultura); Además debe entender y comprender aspectos tales como motivaciones, percepciones y actitudes del consumidor.

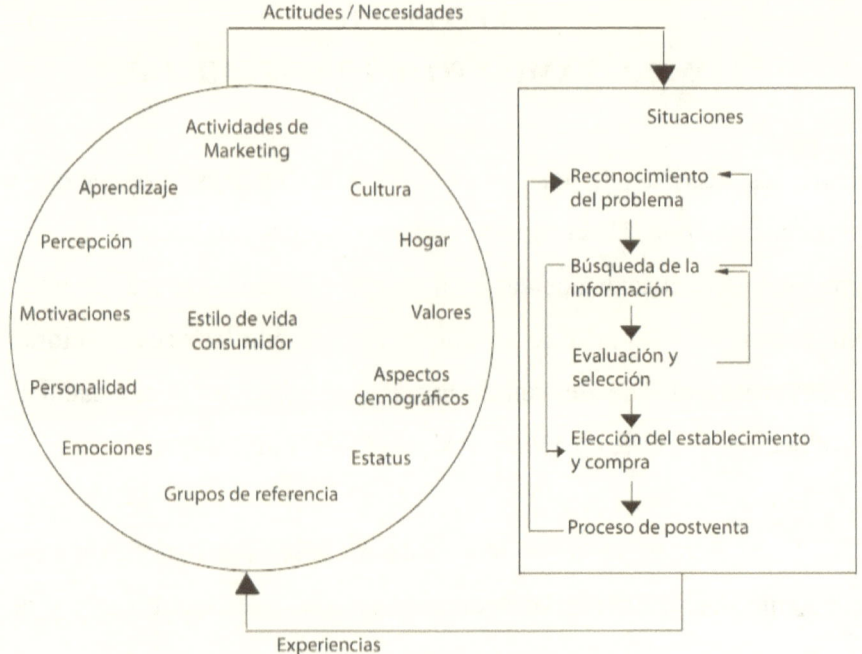

Fuente: Hawkins B. C. y Addison W. "Comportamiento del Consumidor, Repercusiones en la estrategia de Marketing". Editorial Iberoamericana, EEUU, 1994.

Es a partir de estos planteamientos que se entiende que el comportamiento del consumidor no está definido como un simple intercambio (la compra/venta de un bien y un servicio), si no como un conjunto de fuerzas sociales, culturales y psicológicas que motivan al consumidor a tomar una decisión de compra y un conjunto de necesidades que determinan su comportamiento. De este modo Schiffman (2010) expone que:

[…] Los mercadólogos tienen que saber todo cuanto puedan acerca de los consumidores: lo que desean, lo que piensan, cómo trabajan y cómo emplean su tiempo libre. Necesitan comprender las influencias personales y grupales que afectan las decisiones de los consumidores y la forma en que se toman tales decisiones". (p. 5)

En síntesis, se puede decir que el comportamiento del consumidor se puede nutrir del aporte de diferentes áreas de conocimiento que permiten explicar y conocer la conducta de los consumidores en todo el proceso compra y de toma de decisiones, con el fin de generar estrategias de marketing que favorezcan las decisiones empresariales. Podemos decir que las necesidades humanas son el fundamento de todo el marketing moderno. Las necesidades constituyen la esencia del concepto de marketing. "La clave de la supervivencia, la rentabilidad y el crecimiento de una compañía en un mercado altamente competitivo es su capacidad para identificar y satisfacer las necesidades insatisfechas del consumidor, mejor y más rápido que la competencia" (Schiffman 2010 p. 87).

CAPÍTULO 11
ENFOQUES

David Ogilvy

David Ogilvy, considerado el padre de la publicidad moderna y fundador de la agencia publicitaria Ogilvy & Mather, nació el 23 de junio de 1911 en West Horsley (Inglaterra) y falleció el 21 de julio de 1999 en Bonnes (Francia).

Ogilvy ha ayudado a construir algunas de las más recordadas marcas en el mundo: American Express, Sears, Ford, Shell, Barbie, Pond's, Dove, y Maxwell House entre otras, y más recientemente, IBM y Kodak.

Ogilvismos (enfoque):

1. "Un buen anuncio es uno que vende el producto sin la atención del dibujo a sí mismo".

2. "Si no vende, no es creativo".

3. "El título es el boleto en la carne." Utilízalo para señalar por medio de una bandera abajo de los lectores que son perspectivas de la clase de producto que estás anunciando".

4. "No conocer las reglas de la gramática… Si estás intentando persuadir a gente hacer algo, o comprar algo, me parece a mí que debes utilizar su misma lengua, su lengua es la que ellos utilizan a diario, es con la que ellos piensan. Intenta escribir en el vernáculo".

5. "Nunca pares de probar, y tu publicidad nunca parará de mejorar".

6. "Nunca escriba un aviso que no quisiera que lo viese su propia familia"

7. (En la Agencia) "Buscamos los conocimientos como cochino busca trufas"

8. (A los clientes) "No compita con su agencia en el área de la creatividad. ¿para que tener un perro de guardia si va a ladrar usted mismo?"

9. "La mejor manera de conseguir nuevas cuentas es la de crear para nuestros clientes actuales el tipo de publicidad que atraerá a clientes futuros."

10. "El talento que necesitamos lo encontraremos con mayor facilidad entre los no-conformistas, disidentes y rebeldes."

11. "La decisión más importante es la de definir el posicionamiento del producto."

12. "Tolere al genio"

13. "Elimine los perros tristes que derraman el pesimismo."

14. "En Ogilvy & Mather hacemos dos cosas: cuidamos a los clientes y le damos enseñanza a los jovenes publicistas."

15. "Dentro de cada marca hay un producto, pero no todos los productos son marcas."

16. "Cuando haga publicidad para los extintores de fuego, comience con el fuego."

17. "Admiro a la gente con buenas modalidades que trata a los demás como seres humano."

FILOSOFÍA DE TRABAJO

- Una publicidad tiene que ser coherente, verdadera, creíble y agradable.
- Un representante mentiroso y sin educación no venderá nunca nada.
- David Ogilvy dice: "cuando informáis sobre un producto a vuestra familia, no le contáis mentiras".
- La publicidad tiene que ser factual e informativa.
- Es totalmente partidario de la publicidad referencial que se trata de una publicidad de la verdad.

- Utiliza los hechos de la vida cotidiana: prácticas, gestos y situaciones.
- Utiliza un lenguaje de articulaciones antes/después, informaciones concretas o atractivos anecdóticos y sin adjetivos o sin eslóganes.
- Le gustan las demostraciones, las recetas, los anuncios de prensa que separan claramente el texto y la imagen, nunca los carteles, le gusta los dibujos realistas o mejor una fotografía.
- "nuestro trabajo es crear publicidad que vendiera, y la publicidad que vende mejor es la que crea marcas".

LOS SECRETOS DE STEVE JOBS

Hacer lo que amamos es sencillamente la clave para ser innovadores y exitosos en nuestras carreras. La pasión se convierte en el motor que impulsa nuestras ideas a ser diferentes, propositivas y creativas.

La creatividad simplemente se trata de conectar cosas, para esto hay que molestar un poco al cerebro y sacarlo de su Statu quo. Vivir nuevas experiencias, conocer nuevas personas, hacer cosas inusuales… vivir con otra perspectiva. Pensar diferente es el resultado de actuar diferente. Las empresas que actúan diferente logran ser diferentes en un mercado cada vez más competitivo.

Es importante conectar la pasión con la aptitud; encontrar qué nos gusta y en qué somos buenos; si estas dos cosas se conectan habremos encontrado la fórmula de la innovación. Esto nos llevará a ser realmente buenos, a dejar una huella en el mundo, a ser revolucionarios.

Las empresas deben pensar en ser más revolucionarias y proponer productos y servicios que marquen la diferencia y que en verdad logren conectarse con los clientes a nivel emocional. Grandes empresas como Apple, Pixar, Cold Stone Creamery, EBay, DNA 11, Zappos, entre otras, fueron exitosas porque vieron más allá. No vendieron productos a clientes, vendieron sueños, ilusiones, emociones y experiencias geniales a personas. Hay que pensar en las necesidades del cliente, hay que comprometerse con él y conocerlo más de lo que él mismo podría conocerse. ¿Qué podría gustarle más adelante? En lugar de esperar a que las personas nos digan que quieren, debemos adelantarnos y ofrecerles productos, soluciones y servicios novedosos que las enamoren y las conviertan en seguidores de nuestra marca.

Decirle NO a muchas cosas es tan importante como a las que hay que decirles SI. Hay que desechar lo que no sirve y enfocarse en lo importante. Se debe buscar la simplicidad, la sencillez y la funcionalidad. La sencillez y la simplicidad es el resultado de algo cuando es realmente bueno.

No hace falta gastar grandes sumas de dinero en investigación e innovación, solo hace falta pensar de manera diferente: cómo generar experiencias, cómo lograr que nuestros productos sean innovadores, cómo facilitar la compra, cómo ofrecer entretenimiento, cómo estar cerca de las personas y cómo estas pueden interactuar positivamente con nuestra marca.

Cuando vaya a contar su historia (promover su marca) hágalo bien, es la oportunidad para mover y convencer a muchas personas. Es importante promover en los empleados competencias comunicacionales, en algún momento ellos representarán la marca y tendrán que contar esa historia muy bien.

Palabras claves:

Autoconfianza: La cualidad que debe definirnos en todo ámbito de nuestra vida; el miedo al fracaso puede derrumbar lo que sea.

Pasión: Tener una Pasión y creer firmemente en ella, sin importar posibles rechazos o fracasos, pues eso es natural en el camino de la lucha de un emprendedor.

Innovación: Una noble causa que se convierta en la mejor y más bonita manera de hacer todas las cosas.

Creatividad: Aprender de todas nuestras experiencias y verlas como una oportunidad de crecimiento personal y profesional.

Excelencia: El esfuerzo por buscar la excelencia debe acompañar naturalmente la lucha por una pasión. No hay excelencia sin esfuerzo y dedicación.

Perseverancia: Nos permitirá reafirmar nuestra pasión y enfocar nuestro camino cada vez que algo nos haga tropezar.

Una pasión se convierte en una gran visión, una gran visión se convierte en la mejor manera de hacer algo, ese algo deja una huella en el universo, esa huella hace el mundo mejor. Eso es innovación. Las empresas deben buscar la manera de vender menos productos y pensar cómo hacer la vida de sus clientes mejor. La innovación exige conocer muy bien a sus clientes, sus sueños, motivaciones, emociones y necesidades.

www.ingramcontent.com/pod-product-compliance
Lightning Source LLC
Chambersburg PA
CBHW020708180526
45163CB00008B/2996